54

Lb 255

I0115489

LE
TÉLÉMAQUE
RÉPUBLICAIN.

DROITS ET DEVOIRS DES PEUPLES.

Il faut qu'un peuple ait des lois écrites; toujours constantes et consacrées par toute la nation; qu'elles soient au dessus de tout, que ceux qui gouvernent n'aient d'autorité que par elles; qu'ils puissent tout pour le bien, suivant les lois; qu'ils ne puissent rien contre ces lois pour autoriser le mal.

FENELON.

Prix : 25 centimes.

PARIS,

BARBA,   **GARNOT,**
4 BIS, RUE DE LA PAIX.   7, RUE PAVÉE-SAINT-ANDRÉ.

1848

BIBLIOTHÈQUE NATIONALE
R. F.
IMPRIMÉS

IMPRIMERIE DE RAYNAL, A RAMBOUILLET.

LE TÉLÉMAQUE

RÉPUBLICAIN.

« Si le bonheur du genre humain, a dit Pélisson en parlant du *Télémaque*, pouvait naître d'un poème, il naîtrait de celui-là. »

Personne n'ignore, en effet, que Fénélon a répandu dans cet ouvrage les principes de la politique et de la morale les plus propres à assurer la prospérité des nations. Tous ceux qui ont lu cet illustre écrivain conviendront avec nous que si le précepteur du duc de Bourgogne vivait en 1848, il pourrait passer peut-être pour un républicain de la veille, plutôt que pour un républicain du lendemain. Sous un roi absolu et plein de gloire, il eut le courage d'émettre les plus grandes vérités sur les droits des peuples, et ses amis ont souvent répété que si l'archevêque de Cambrai *eût vécu en Angleterre, il aurait donné l'essor à des principes que personne n'a connus.*

Les manuscrits de Fénélon, brûlés après sa mort de la main même de Louis XIV, sont une preuve de cette assertion.

Le nom de l'auteur illustre auquel nous avons emprunté les sages préceptes qui vont suivre, est-il aussi de ceux qui, loin de rien perdre en passant à travers les âges, recueillent sur leur route de nouveaux honneurs, et arrivent à la dernière postérité précédés des acclamations de tous les peuples et chargés des tributs de tous les siècles.

BIBLIOTHÈQUE NATIONALE R. F.

Un jeune homme qui aime à se parer vainement comme une femme est indigne de la sagesse et de la gloire. La gloire n'est due qu'à un cœur qui sait souffrir la peine et fouler aux pieds les plaisirs.

La mort est moins funeste que les plaisirs qui attaquent la vertu.

Avant que de se jeter dans le péril, il faut le prévoir et le craindre ; mais quand on y est, il ne reste plus qu'à le mépriser ; montrez un cœur plus grand que tous les maux qui vous menacent.

Les rois qui ne songent qu'à se faire craindre et qu'à abattre leurs sujets pour les rendre plus soumis, sont les fléaux du genre humain : ils sont craints comme ils le veulent être ; mais ils sont haïs, détestés ; et ils ont encore plus à craindre de leurs sujets, que leurs sujets n'ont à craindre d'eux.

Mentor faisait remarquer à Télémaque la joie et l'abondance répandues dans toute la campagne d'Égypte, où l'on comptait jusqu'à vingt-deux mille villes. Il admirait la police de ces villes ; la justice exercée en faveur du pauvre comme du riche ; la bonne éducation des enfants, qu'on accoutumait à l'obéissance, au travail, à la sobriété, à l'amour des arts ou des lettres ; l'exactitude pour toutes les cérémonies de la religion ; le désintéressement, le désir de l'honneur, la fidélité pour les hommes et la crainte pour les dieux, que chaque père inspirait à ses enfants.

Après avoir énuméré les richesses et les motifs de la prospérité des Tyriens, Fénélon dit :

Si la division et la jalousie se mettaient entre eux, s'ils commençaient à s'amollir dans les délices et dans l'oisiveté, si les premiers de la nation méprisaient le travail et l'économie, si les arts cessaient d'être en honneur dans leur ville, s'ils manquaient de bonne foi envers les étrangers, s'ils altéraient tant soit peu les règles d'un commerce libr s'ils négligaient leurs manufactures et s'ils cessaient de faire les grandes avances qui sont nécessaires pour rendre leurs marchandises parfaites, chacune dans son genre, vous verriez bientôt tomber toute cette puissance que vous admirez.

———

Ici (à Tyr) on traite avec honneur tous ceux qui réussissent dans les arts et dans les sciences utiles à la navigation. On considère un bon géomètre; on estime fort un habile astronome; on comble de biens un pilote qui surpasse les autres dans sa fonction; on ne méprise point un bon charpentier, au contraire, il est bien payé et bien traité. Les bons rameurs même ont des récompenses sûres et proportionnées à leurs services; on les nourrit bien; on a soin d'eux quand ils sont malades; en leur absence, on a soin de leurs femmes et de leurs enfants; s'ils périssent dans un naufrage, on dédommage leur famille; on renvoie chez eux ceux qui ont servi un certain temps; ainsi on en a autant qu'on veut. Le père est ravi d'élever son fils dans un si bon métier; et, dès sa plus tendre jeunesse, il se hâte de lui enseigner à manier la rame, à tendre les cordages et à mépriser les tempêtes. C'est ainsi qu'on mène les hommes sans contrainte, par la récompense et par le bon ordre. L'autorité seule ne fait jamais bien; la soumission des inférieurs ne suffit pas : il faut gagner les cœurs, et faire trouver aux hommes leur avantage dans les choses où l'on veut se servir de leur industrie.

Ensuite il (Télémaque) s'entretenait avec Mentor de cette première puissance qui a formé le ciel et la terre ; de cette lumière infinie et immuable qui se donne à tous sans se partager ; de cette vérité souveraine et universelle qui éclaire tous les esprits comme le soleil éclaire tous les corps. Celui, disait-il, qui n'a jamais vu cette lumière pure est aveugle comme un aveugle-né : il passe sa vie dans une profonde nuit, comme les peuples que le soleil n'éclaire point pendant plusieurs mois de l'année ; il croit être sage, il est insensé ; il croit tout voir, et il ne voit rien ; il meurt n'ayant jamais rien vu ; tout au plus il aperçoit de sombres et fausses lueurs, de vaines ombres, des fantômes qui n'ont rien de réel. Ainsi sont tous les hommes entraînés par le plaisir des sens et par le charme de l'imagination. Il n'y a point sur la terre de véritables hommes, excepté ceux qui consultent, qui aiment, qui suivent cette raison éternelle ; c'est elle qui nous inspire quand nous pensons bien. Nous ne tenons pas moins d'elle la raison que la vie. Elle est comme un grand océan de lumière : nos esprits sont comme de petits ruisseaux qui en sortent et qui y retournent pour s'y perdre.

Le sein fécond de la terre ne peut s'épuiser ; plus il y a d'hommes dans un pays, pourvu qu'ils soient laborieux, plus ils jouissent de l'abondance. Ils n'ont jamais besoin d'être jaloux les uns des autres ; la terre, cette bonne mère, multiplie ses dons selon le nombre de ses enfants qui méritent ses fruits par leur travail. L'ambition et l'avarice des hommes sont les seules sources de leur malheur ; les hommes veulent tout avoir, et ils se rendent malheureux par le désir du superflu ; s'ils voulaient vivre simplement et se contenter de satisfaire aux vrais besoins, on verrait partout l'abondance, la joie la paix et l'union.

Les princes avides et sans prévoyance ne songent qu'à charger d'impôts ceux d'entre leurs sujets qui sont le plus vigilants et le plus industrieux pour faire valoir leurs biens ; c'est qu'ils espèrent en être payés plus facilement ; en même temps, ils chargent moins ceux que la paresse rend plus misérables. Renversez ce mauvais ordre qui accable les bons, qui récompense le vice et qui introduit une négligence funeste. Mettez des taxes, des amendes, et même s'il le faut d'autres peines rigoureuses sur ceux qui négligeront leurs champs, comme vous puniriez des soldats qui abandonneraient leur poste dans la guerre ; au contraire, donnez des grâces et des exemptions aux familles qui, se multipliant, augmentent à proportion la culture de leurs terres. Bientôt les familles se multiplieront, et tout le monde s'animera au travail. Il ne sera pas moins beau de cultiver l'héritage de ses ancêtres pendant une heureuse paix, que de l'avoir défendu généreusement pendant les troubles de la guerre. Toute la campagne refleurira. Cérès se couronnera d'épis dorés ; Bacchus, foulant à ses pieds les raisins, fera couler du penchant des montagnes des ruisseaux de vin plus doux que le nectar.

Il faut avoir des magistrats qui veillent sur les familles et sur les mœurs des particuliers.

La peinture et la sculpture parurent à Mentor des arts qu'il n'est pas permis d'abandonner ; mais il voulut qu'on souffrît dans Salente peu d'hommes attachés à ces arts. Il établit une école où présidaient des maîtres d'un goût exquis, qui examinaient les jeunes élèves. Il ne faut, disait-il, rien de bas et de faible dans ces arts, qui ne sont pas absolument nécessaires. Par conséquent, on ne doit y admettre que des jeunes gens d'un génie qui promette beaucoup et qui tende à la perfection. Les autres sont nés pour les arts moins nobles, et ils seront employés plus utilement aux besoins ordinaires de la république. Il ne faut, disait-il, employer les sculpteurs et les peintres que pour conserver la mémoire des grands hommes et des grandes actions. C'est dans les bâtiments publics ou dans les tombeaux qu'on doit conserver des représentations de tout ce qui a été fait avec une vertu extraordinaire pour le service de la patrie.

Ce qui cause les révoltes, c'est l'ambition et l'ingratitude des grands d'un État, quand on leur a donné trop de licence et qu'on a laissé leurs passions s'étendre sans bornes ; c'est la multitude des grands et des petits qui vivent dans la mollesse, dans le luxe et dans l'oisiveté ; c'est la trop grande abondance d'hommes adonnés à la guerre, qui ont négligé toutes les occupations utiles dans les temps de paix ; enfin, c'est le désespoir des peuples maltraités ; c'est la dureté, la hauteur des rois et leur mollesse qui les rend incapables de veiller sur tous les membres de l'État pour prévenir les troubles. Voilà ce qui cause les révoltes, et non pas le pain qu'on laisse manger en paix au laboureur, après qu'il l'a gagné à la sueur de son visage.

Sachez que les méchants ne sont point des hommes incapables de faire le bien : ils le font indifféremment, de même que le mal, quand il peut servir à leur ambition. Le mal ne leur coûte rien à faire, parce qu'aucun sentiment de bonté ni aucun principe de vertu ne les retient ; mais aussi ils font le bien sans peine, parce que leur corruption les porte à le faire pour paraître bons et pour tromper le reste des hommes. A proprement parler, ils ne sont pas capables de la vertu, quoiqu'ils paraissent la pratiquer ; mais ils sont capables d'ajouter à tous leurs autres vices le plus horrible des vices, qui est l'hypocrisie.

Pour les enfants, Mentor disait qu'ils appartiennent moins à
leurs parents qu'à la république ; ils sont les enfants du peuple ;
ils en sont l'espérance et la force : il n'est pas temps de les cor-
riger quand ils se sont corrompus. C'est peu que de les exclure
des emplois, lorsqu'on voit qu'ils s'en sont rendus indignes :
il vaut bien mieux prévenir le mal, que d'être réduit à le
punir.

C'est dans la fleur qu'il faut préparer les fruits. Qu'on mette
l'honneur à fuir les délices et les richesses ; que l'injustice, le
mensonge, l'ingratitude, la mollesse passent pour des vices in-
fâmes. Qu'on leur apprenne, dès leur tendre enfance, à chanter
les louanges des héros qui ont été aimés des dieux, qui ont fait
des actions généreuses pour leur patrie, et qui ont fait éclater
leur courage dans les combats : que le charme de la musique
saisisse leurs âmes pour rendre leurs mœurs douces et pures.
Qu'ils apprennent à être tendres pour leurs amis, fidèles à leurs
alliés, équitables pour tous les hommes, même pour leurs plus
cruels ennemis : qu'ils craignent moins la mort et les tourments
que le moindre reproche de leur conscience. Si de bonne heure
on remplit les enfants de ces grandes maximes, et qu'on les
fasse entrer dans leur cœur par la douceur du chant, il y en
aura peu qui ne s'enflamment de l'amour de la gloire et de la
vertu.

Mentor ajoutait qu'il était capital d'établir des écoles publi-
ques pour accoutumer la jeunesse aux plus rudes exercices du
corps ; et, pour éviter la mollesse et l'oisiveté qui corrompent les
plus beaux naturels, il voulait une grande variété de jeux et de
spectacles qui animassent tout le peuple, mais surtout qui exer-
çassent les corps pour les rendre adroits, souples, vigoureux ; il
ajoutait des prix pour exciter une noble émulation. Mais ce

qu'il souhaitait le plus pour les bonnes mœurs, c'est que les jeunes gens se mariassent de bonne heure, et que leurs parents, sans aucune vue d'intérêt, leur laissassent choisir des femmes agréables de corps et d'esprit, auxquelles ils pussent s'attacher.

La guerre épuise un État et le met toujours en danger de périr, lors même qu'on remporte les plus grandes victoires. Quand même on tiendrait dans son camp la Victoire enchaînée, on se détruit soi-même en détruisant ses ennemis ; on dépeuple son pays ; on laisse les terres presque incultes ; on trouble le commerce : mais ce qui est bien pis, on affaiblit les meilleures lois et on laisse corrompre les mœurs ; la jeunesse ne s'adonne plus aux lettres ; le pressant besoin fait qu'on souffre une licence pernicieuse dans les troupes ; la justice, la police, tout souffre de ce désordre.

On voyait de toutes parts un peuple nombreux ; des vieillards qui allaient porter dans les temples les prémices de leurs fruits ; de jeunes hommes qui revenaient vers leurs épouses lasses du travail de la journée. Les femmes allaient au devant d'eux, menant par la main leurs petits enfants qu'elles caressaient ; on voyait aussi des bergers qui paraissaient chanter et quelques uns dansaient au son du chalumeau. Tout représentait la paix, l'abondance et les délices. Tout paraissait riant et heureux.

Hélas ! s'écriait Télémaque, voilà donc les maux que la guerre entraîne après elle ! Quelle fureur aveugle pousse les malheureux mortels! Ils ont si peu de jours à vivre sur la terre, ces jours sont si misérables ; pourquoi précipiter une mort déjà si prochaine ? Pourquoi ajouter tant de désolations affreuses à l'amertume de la vie ? Les hommes sont tous frères, et ils s'entre-déchirent ; les bêtes farouches sont moins cruelles. Les lions ne font pas la guerre aux lions, ni les tigres aux tigres ; ils n'attaquent que les animaux d'espèces différentes : l'homme seul, malgré sa raison, fait ce que les animaux sans raison ne firent jamais.

Quoi donc! une fausse gloire, un vain titre de conquérant qu'un prince veut acquérir, allument la guerre dans des pays immenses! Ainsi un seul homme, donné au monde par la colère des dieux, en sacrifie brutalement tant d'autres à sa vanité.

C'est une honte pour les hommes qu'ils aient tant de maladies, car les bonnes mœurs produisent la santé. L'intempérance change en poisons mortels les aliments destinés à conserver la vie. Les plaisirs pris sans modération abrègent plus les jours des hommes, que les remèdes ne peuvent les prolonger. Les pauvres sont moins souvent malades faute de nourriture, que les riches ne le deviennent pour en prendre trop.

Les rois punis dans les enfers se reprochaient les uns aux autres leur aveuglement. L'un disait à l'autre qui avait été son fils : Ne vous avais-je pas recommandé souvent, pendant ma vieillesse et avant ma mort, de réparer les maux que j'avais faits par ma négligence ? Le fils répondait : O malheureux père! c'est vous qui m'avez perdu! c'est votre exemple qui m'a inspiré le faste, l'orgueil, la volupté et la dureté pour les hommes.

Le pouvoir absolu fait autant d'esclaves qu'il a de sujets. On le flatte, on fait semblant de l'adorer, on tremble au moindre de ses regards, mais attendez la moindre révolution, cette puissance monstrueuse, poussée jusqu'à un excès trop violent, ne saurait durer, elle n'a aucune ressource dans le cœur des peuples ; elle a lassé et irrité tous les corps de l'Etat ; elle contraint tous ces corps de soupirer après un changement. Au premier coup qu'on lui porte, l'idole se renverse, se brise et est foulée aux pieds. Le mépris, la haine, la crainte, le ressentiment, la défiance, en un mot toutes les passions, se réunissent contre une autorité si odieuse. Le roi qui, dans sa vaine prospérité, ne trouvait pas un seul homme assez hardi pour lui dire la vérité, ne trouvera, dans son malheur, aucun homme qui daigne ni l'excuser ni le défendre contre ses ennemis.

L'ILE DE CRÈTE.

Mentor nous dit qu'il avait été autrefois en Crète, et il nous expliqua ce qu'il en connaissait. Cette île, disait-il, admirée de tous les étrangers et fameuse par ses cent villes, nourrit sans peine tous ses habitants, quoiqu'ils soient innombrables. C'est que la terre ne se lasse jamais de répandre ses biens.

C'est ce que Minos, le plus sage et le meilleur de tous les rois avait compris. Tout ce que vous verrez de plus merveilleux dans cette île, est le fruit de ses lois. L'éducation qu'il faisait donner aux enfants, rend les corps sains et robustes. On les accoutume d'abord à une vie simple, frugale et laborieuse ; on

suppose que toute volupté amollit le corps et l'esprit ; on ne
leur propose jamais d'autre plaisir que celui d'être invincibles par
la vertu, et d'acquérir beaucoup de gloire ; on ne met pas seule-
ment ici le courage à mépriser la mort dans les dangers de la
guerre, mais encore à fouler aux pieds les trop grandes richesses et les plaisirs honteux. Ici on punit trois vices qui sont im-
punis chez les autres peuples : l'ingratitude, la dissimulation et
l'avarice.

Pour le faste et la mollesse, on n'a jamais besoin de les répri-
mer, car ils sont inconnus en Crête. Tout le monde y travaille,
et personne ne songe à s'y enrichir ; chacun se croit assez payé
de son travail par une vie douce et réglée, où l'on jouit en paix
et avec abondance de tout ce qui est véritablement nécessaire à
la vie. On n'y souffre ni meubles précieux, ni habits magnifi-
ques, ni festins délicieux, ni palais dorés. Les habits sont de laine
fine et de belles couleurs, mais tout unis et sans broderies. Les
repas y sont sobres, on y boit peu de vin, le bon pain en fait
la principale partie, avec les fruits que les arbres offrent comme
d'eux-mêmes, et le lait des troupeaux. Tout au plus on y
mange un peu de grosse viande sans ragoût : encore même a-
t-on soin de réserver ce qu'il y a de meilleur dans les grands
troupeaux de bœufs pour faire fleurir l'agriculture. Les maisons
y sont propres, commodes, riantes, mais sans ornements. La su-
perbe architecture n'y est pas ignorée, mais elle est réservée
pour les temples des dieux, et les hommes n'oseraient avoir des
maisons semblables à celles des immortels. Les grands biens des
Crétois sont la santé, la force, le courage, la paix et l'union des
familles, la liberté de tous les citoyens, l'abondance des choses
nécessaires, le mépris des superflues, l'habitude du travail et
l'horreur de l'oisiveté, l'émulation pour la vertu, la soumission
aux lois, et la crainte des justes dieux.

Je lui demandai en quoi consistait l'autorité du roi, et il me ré-
pondit : Il peut tout sur les peuples ; mais les lois peuvent tout
sur lui. Il a une puissance absolue pour faire le bien, et les
mains liées, dès qu'il veut faire le mal. Les lois lui confient les

peuples, comme le plus précieux de tous les dépôts; à condition qu'il sera le père de ses sujets. Elles veulent qu'un seul homme serve, par sa sagesse et par sa modération, à la félicité de tant d'hommes, et non pas que tant d'hommes servent, par leur misère et par leur servitude lâche, à flatter l'orgueil et la mollesse d'un seul homme.

Imprimerie de RAYNAL, à Rambouillet.

EN VENTE CHEZ LES MÊMES ÉDITEURS.

RÉVOLUTION DE PARIS,   in-8   »   25
RÉVOLUTION DE BERLIN,   in-8   »   25
RÉVOLUTION DE VIENNE,   in-8   »   25
RÉVOLUTION DE POLOGNE,   in-8   »   25
RÉVOLUTION DE MADRID,   in-8   »   25
RÉVOLUTION D'ITALIE,   in-8   »   25
RÉVOLUTION DE 1848 (22, 23 et 24 février). Complet. in-8   1
LE PEUPLE SOUVERAIN, Histoire populaire de la révo-
    lution de 1848, écrite sous le feu des barricades, orné du
    portrait de LAMARTINE (sans portrait 25 c.)   in-8   »   50
LES BARRICADES, Scènes les plus saisissantes de la révo-
    lution de 1848, illustrées d'un dessin représentant la barri-
    cade du faubourg Montmartre, le 24 février 1848.
    (Sans dessin 25 c,)   in-8   50
LE PEUPLE EN ACTION, Traits de bravoure, de désinté-
    ressement, de générosité des patriotes parisiens, pendant
    les journées de la révolution de 1848. Illustré d'un dessin
    représentant la prise du Château-d'Eau le 24 février,   in-8   »   50
    Sans dessin.   25
CHANTS NATIONAUX ET PATRIOTIQUES dédiés
    aux républicains de 1848. Orné du portrait de BÉRANGER. in-8   50
    Sans portrait.   25
POESIES NATIONALES ET REPUBLICAINES, dédiées
    aux patriotes de 1848. Orné du portrait de LAMARTINE.   n-8   »   50
    Sans portrait   25
LA REPUBLIQUE D'ANDORRE,   in-8   »   25
LA REPUBLIQUE DE PLATON,   in-8   »   25
LA POLITIQUE D'ARISTOTE,   in-8   »   25
CESAR AUX ELECTIONS. (Suffrage universel.)   in-8   »   25
MIRABEAU A LA CONSTITUANTE. Orné du portrait
    de Mirabeau, avec cette épigraphe ; *Allez dire à votre
    maître...* (Sans portrait 25 c.)   in-8   »   50
JESUS-CHRIST, Liberté, égalité, fraternité. Orné de la
    Sainte Face (sans la Sainte Face 25 c,)   in-8   »   50
PIE IX. Orné du portrait de Sa Sainteté.   in-8   »   50
    Sans portrait   25
L'ARBRE DE LA LIBERTE,   in-8   »   25
PRECIS HISTORIQUE DE LA REVOLUTION
    FRANÇAISE en 1848,   1 vol. in-8   1   25
LES COMMUNISTES ET LES TRAVAILLEURS,   in-8   »   25
MANIFESTE DE LAMARTINE aux puissances étrangères in-8   »   25
    Orné de son portrait,   »   50
LE TELEMAQUE REPUBLICAIN,   in-8   »   25
MORCEAUX D'ELOQUENCE CIVIQUE, flambeau des clubs, in-8   »   25
RETABLISSEMENT DU DIVORCE,   in-8   »   25
BIOGRAPHIE des Membres du Gouvernement Provisoire, in-8   »   25
    Orné de leurs portraits 25 c., en sus chaque portrait.
BIOGRAPHIE des Membres de l'Assemblée nationale, 1re livr.   »   25

www.ingramcontent.com/pod-product-compliance
Lightning Source LLC
Chambersburg PA
CBHW060725280326
41933CB00013B/2566